SUPER EINFACH

BROT

100
REZEPTE

Librero

INHALT

NATÜRLICHER SAUERTEIG

Vorbereitungszeit 8 Tage

Ohne Kochen

Für 1 Sauerteig

Weizenmehl Type 1600
etwa 300 g

Roggenmehl
etwa 300 g

Gefiltertes Wasser (oder abgekocht und ausgekühlt)

- ○ **Tag 1:** 15 g Weizenmehl Type 1600 und 20 g Roggenmehl mit 350 ml Wasser in einem Behälter (1 l) vermengen und an einem warmen, gegen Luftzug geschützten Ort (20 °C vorheizen) ruhen lassen.
- ○ **Tag 2:** Mischung umrühren.
- ○ **Tag 3:** Mischung durch Zugabe von 30 g Weizenmehl Type 1600, 35 g Roggenmehl und 650 ml lauwarmem Wasser vermengen. Gut verrühren. Ein Gummiband auf der Höhe der Mischung rund um das Glas geben, um die Gärung zu überprüfen. Diesen Vorgang jeden Tag wiederholen.
- ○ **Tag 4:** 50 g Weizenmehl Type 1600, 50 g Roggenmehl und 100 ml Wasser zugeben.
- ○ **Tag 5:** 100 g Sauerteig entnehmen (Rest entsorgen) und in einem sauberen Glas mit 50 g Weizenmehl Type 1600, 50 g Roggenmehl und 100 ml Wasser nähren. Gut verrühren.
- ○ **Tag 6:** Wenn der Sauerteig auf das doppelte Volumen aufgegangen ist, 100 g entfernen (oder für einen Kuchen verwenden) und dem Rest 50 g Weizenmehl Type 1600, 50 g Roggenmehl und 100 ml Wasser zugeben.
- ○ **Tag 7:** Bei doppeltem Volumen wiederholen, ansonsten warten.
- ○ **Tag 8:** Wenn der Sauerteig aktiv ist und blubbert, kann man Brot zubereiten. Wenn Sie nur ein Brot pro Wochen planen, stellen Sie den Sauerteig in den Kühlschrank (maximal 15 Tage); am Vorabend des Backens Sauerteig wieder aktivieren.

VORTEIG

Weizenmehl Type 812
75 g

Weizenmehl Type 1200
oder Type 1600, 50 g

Hefe
2,5 g

Lauwarmes Wasser
125 ml

Vorbereitungszeit 10 Minuten
Ruhezeit 12 Stunden

Ohne Kochen

Für 250 g

- Hefe mit lauwarmem Wasser verrühren.
- Mehlsorten in einer großen Schüssel vermengen. Mit einem Tuch bedecken und 12 Stunden bei Raumtemperatur ruhen lassen. Die Mischung sollte sich im Volumen vergrößern und Blasen schlagen.
- Diese Mischung ist eine Art schneller Vorteig, den man in Brotteig einarbeiten kann. Dadurch kann man weniger Hefe verwenden und den Geschmack und die Konsistenz des Brotes verbessern. Man kann den Vorteig für alle Brotsorten verwenden.

BAGUETTE

Weizenmehl Type 405
250 g

Hefe
8 g

Gefiltertes Wasser
180 ml

Salz
1 TL

Vorbereitungszeit 15 Minuten
Ruhezeit 6 Stunden

Kochzeit 20 Minuten

Für 2 Baguettes

- Hefe mit wenig Wasser verrühren. Mehl und Salz vermengen, Hefe und restliches Wasser zugeben. Zu einem homogenen Teig verrühren, aber nicht mehr. Zudecken und 6 Stunden an einem Ort ohne Luftzug gehen lassen.
- Auf einer bemehlten Arbeitsfläche mit gut bemehlten Händen den Teig halbieren. 2 längliche Rollen formen und auf ein mit Öl bestrichenes Backblech legen. Baguettes diagonal 4 Mal einschneiden.
- Backofen auf 250 °C vorheizen. Eine Schüssel mit Wasser unten in den Ofen stellen. Baguettes auf der unteren Schiene in den Ofen schieben und 20 Minuten backen.

HELLES MISCHBROT

Weizenmehl Type 812
600 g

Sauerteig (Seite 4)
200 g

Gefiltertes Wasser
400 ml

Salz
18 g

Vorbereitungszeit 30 Minuten
Ruhezeit 1 Nacht + 3 Stunden

Kochzeit 45 Minuten

Für 1 großes Brot

- Wasser, Sauerteig, Mehl und Salz in eine Küchenmaschine geben und 5 Minuten kneten. In einem Plastikbehälter über Nacht kalt stellen.
- Teig auf eine bemehlte Arbeitsfläche stürzen und rechteckig ausziehen. Ränder zur Mitte schlagen, eine Kugel formen, mit der Naht nach unten in eine mit einem bemehlten Tuch ausgelegte Schüssel geben. Diese in einen Plastikbeutel geben und Teig 3 Stunden gehen lassen.
- Einen Schmortopf mit Deckel im Backofen auf 250 °C erhitzen. Teig auf Backpapier legen. Mit einem Cutter kreuzweise einschneiden und mit dem Papier in den Topf legen. Mit Deckel 30 Minuten, danach ohne Deckel 15 Minuten backen.

DUNKLES MISCHBROT

Weizenmehl Type 1600
600 g

Sauerteig (Seite 4)
200 g

Gefiltertes Wasser
400 ml

Salz
18 g

Vorbereitungszeit 30 Minuten
Ruhezeit 6 h 30 Minuten

Kochzeit 45 Minuten

Für 1 großes Brot

- Wasser, Sauerteig und Mehl vermengen. 30 Minuten ruhen lassen. Salz zugeben und 10 Minuten mit der Hand kneten. In einem Plastikbehälter 3 Stunden gehen lassen.
- Teig auf einer bemehlten Arbeitsfläche flach drücken. Ränder zur Mitte schlagen und eine Kugel formen. Mit der Naht nach unten in eine mit einem bemehlten Tuch ausgelegte Schüssel legen. Diese in einen Plastikbeutel geben und Teig 3 Stunden gehen lassen.
- Einen Schmortopf mit Deckel im Ofen auf 250 °C erhitzen. Teig auf Backpapier legen, kreuzweise mit einem Cutter einschneiden und mit Papier in den Topf legen. Mit Deckel 30 Minuten, danach ohne Deckel 15 Minuten backen.

DUNKLES MISCHBROT MIT KÖRNERN

Weizenmehl Type 1050
600 g

Körnermischung
(Lein, Sonnenblumen,
Kürbis …), 100 g

Sauerteig (Seite 4)
200 g

Gefiltertes Wasser
400 ml

Salz
18 g

Vorbereitungszeit 30 Minuten
Ruhezeit 1 Nacht + 3 Stunden

Kochzeit 45 Minuten

Für 1 großes Brot

- Alle Zutaten ohne Körner in einer Küchenmaschine 5 Minuten kneten. Fast alle Körner zugeben und nochmals kneten. In einem Plastikbehälter über Nacht kalt stellen.

- Teig auf einer bemehlten Arbeitsfläche ausziehen. Ränder zur Mitte schlagen, und eine Kugel formen. Mit der Naht nach unten in eine mit einem bemehlten Tuch ausgelegte Schüssel legen. Diese in einen Plastikbeutel geben und Teig 3 Stunden gehen lassen.

- Einen Schmortopf mit Deckel im Ofen auf 250 °C erhitzen. Teig auf Backpapier legen, kreuzweise mit einem Cutter einschneiden und mit Papier in den Topf legen. 30 Minuten mit Deckel, danach ohne Deckel 15 Minuten backen.

EINKORNBROT MIT MISO

Weizenmehl Type 812
300 g

Einkornmehl
300 g

Rotes Miso
50 g

Sauerteig (Seite 4)
200 g

Gefiltertes Wasser
400 ml

Salz
18 g

Vorbereitungszeit 30 Minuten
Ruhezeit 1 Nacht + 3 Stunden

Kochzeit 45 Minuten

Für 1 großes Brot

- Wasser, Sauerteig, Miso, Mehlsorten und Salz in einer Küchenmaschine 5 Minuten kneten. In einem Plastikbehälter über Nacht kalt stellen.
- Teig auf einer Arbeitfläche ausziehen. Ränder zur Mitte schlagen, zusammendrücken und ein Oval formen. Teig in eine mit Öl ausgestrichene Kastenform geben. Diese in einen Plastikbeutel geben und Teig 3 Stunden gehen lassen.
- Backofen auf 250 °C vorheizen. Teigoberfläche mit einem Cutter einschneiden. Form mit Aluminiumfolie zudecken, diese mit Küchengarn festbinden, dabei über dem Teig ein Stück frei lassen. 30 Minuten mit der Folie, danach 15 Minuten ohne Folie backen.

ROGGENBROT

Vorbereitungszeit 15 Minuten
Ruhezeit 5 Stunden

Kochzeit 45 Minuten

Für 1 großes Brot

Roggenmehl
400 g

Weizenmehl Type 1600
200 g

Hefe
12 g

Lauwarmes Wasser
300–350 ml

Salz
1 EL

- Hefe mit lauwarmem Wasser verrühren. Mehlsorten und Salz vermengen, eine kleine Grube machen, Hefe zugeben und 10 Minuten mit der Hand kneten. Zudecken und 4 Stunden gehen lassen.
- Teig zusammenschlagen und rechteckig ausziehen. Die langen Enden zur Mitte schlagen, festdrücken und eine Kugel formen. Mit der Naht nach unten in eine mit einem bemehlten Tuch ausgelegte Schüssel legen. Diese in einen Plastikbeutel geben und Teig 1 Stunde gehen lassen.
- Einen Schmortopf mit Deckel im Ofen auf 240 °C erhitzen. Teig auf Backpapier legen, kreuzweise einschneiden und mit Papier in den Topf legen. Mit Deckel 30 Minuten, danach ohne Deckel 15 Minuten backen.

NORDISCHES BROT

Weizenmehl Type 1600
200 g

Vollkorn-Roggenmehl
250 g

Haferflocken
50 g

Körnermischung
75 g

Melasse
1 EL

Hefe
15 g

Lauwarmes Wasser
250–300 ml

Salz
2 TL

Vorbereitungszeit 20 Minuten
Ruhezeit 2 h 40 Minuten

Kochzeit 45 Minuten

Für 1 Brot

- Haferflocken im Mixer zerkleinern. Hefe mit etwas lauwarmem Wasser verrühren. Mehlsorten, Haferflocken und Salz vermengen, eine Grube machen und Hefe, restliches Wasser und Melasse zugeben. 10 Minuten mit der Hand kneten. Körner zugeben (2 EL beiseitegeben), kneten. In eine Schüssel geben, zudecken und 1 h 30–2 Stunden gehen lassen.

- Teig zusammenschlagen, eine Rolle formen und in eine mit Öl ausgestrichenen Kastenform geben. Der Länge nach mit einem Cutter einschneiden, leicht mit Wasser bestreichen und mit den restlichen Körnern bestreuen. Zudecken und 40 Minuten gehen lassen.

- Backofen auf 200 °C vorheizen. 40–45 Minuten backen.

KASTANIENBROT

Weizenmehl Type 812
300 g

Kastanienmehl
200 g

Zucker
1 EL

Gekochte Esskastanien
150 g

Halbdunkles Bier
150 ml

Hefe
15 g

Lauwarmes Wasser
150 ml

Salz
1 TL

Vorbereitungszeit 25 Minuten
Ruhezeit 2 h 10 Minuten

Kochzeit 50 Minuten

Für 1 großes Brot

- Hefe mit lauwarmem Wasser verrühren. Kastanien grob hacken. Mehlsorten, Zucker und Salz vermengen. Eine Grube machen, und aufgelöste Hefe und Bier hineingießen. Zu einem Teig verrühren und 10 Minuten mit der Hand kneten. Kastanien zugeben und durch Kneten einarbeiten. In eine Schüssel geben, zudecken und 1 h 30 gehen lassen.

- Teig zusammenschlagen, eine Kugel formen und auf ein befettetes Blech legen. Zudecken und 40 Minuten gehen lassen. Kreuzweise einschneiden.

- Backofen auf 190 °C vorheizen. 50 Minuten backen.

BIERBROT

Weizenmehl Type 1050
450 g

Lauwarme Milch
100 ml

Helles oder dunkles Bier
150 ml

Zucker
1 EL

Weiche Butter
40 g

Vorteig (Seite 6)
100 g

Hefe
10 g

Salz
2 TL

Vorbereitungszeit 20 Minuten
Ruhezeit 2 h 10 Minuten

Kochzeit 45 Minuten

Für 1 Brot

- Hefe mit lauwarmer Milch verrühren. Mehl, Salz und Zucker vermengen. Eine Grube formen und Milch mit Hefe, Bier, Vorteig und Butter hineingeben. Zu einem Teig verrühren und 10 Minuten mit der Hand kneten. In eine Schüssel geben, zudecken und 1 h 30 gehen lassen.
- Teig zusammenschlagen, eine Rolle formen und in eine befettete, mit Backpapier ausgelegte Kastenform oder einen gewässerten Tontopf geben. Mit einem Cutter 3 x der Länge nach einschneiden. Zudecken und 40 Minuten gehen lassen.
- Backofen auf 200 °C vorheizen. 40–45 Minuten backen.

MILCHBROT

Weizenmehl Type 550
oder Type 812
650 g

Weiche Butter
40 g

Hefe
10 g

Lauwarmes Wasser
250–300 ml

Salz
1 TL

Vorbereitungszeit 30 Minuten
Ruhezeit 1 Nacht + 1 h 30 Minuten

Kochzeit 30 Minuten

Für 1 Brot

- Die Hälfte der Hefe in 150 ml lauwarmem Wasser auflösen. Mit 450 g Mehl verrühren. 10 Minuten kneten. Teig in eine Schüssel geben, zudecken und über Nacht gehen lassen.
- Restliche Hefe mit lauwarmem Wasser verrühren. 200 g Mehl und Salz vermengen, eine Grube machen, Hefe und weiche Butter hineingeben und 5 Minuten kneten. Teig vom Vortag zugeben und 10 Minuten kneten. In eine Schüssel geben, zudecken und 1 Stunde gehen lassen.
- Ovalen Laib formen, auf ein mit Backpapier ausgelegtes Blech legen. 3–4 Mal mit einem Cutter der Länge nach einschneiden. Zudecken, 30 Minuten gehen lassen, Backofen auf 230 °C vorheizen und 30 Minuten backen.

WIENER BROT

Vorbereitungszeit 20 Minuten
Ruhezeit 4 h 30 Minuten

Kochzeit 30 Minuten

Für 4 längliche Brote

Weizenmehl Type 550
450 g

Kalte Milch
150 ml

Butter
30 g

Hefe
15 g

Kaltes Wasser
100 ml

Salz
5 g

- Hefe mit Wasser verrühren. Mehl und Salz vermengen. Butter mit den Fingerspitzen einarbeiten. Flüssige Zutaten beimengen. 10 Minuten mit der Hand kneten. Zudecken und 3 Stunden gehen lassen, dabei den Teig stündlich zusammenschlagen.

- 4 Kugeln formen, diese abflachen und in die Länge ziehen. Jede zu einer Wulst rollen und auf heiße, befettete Bleche legen. Zudecken und 1 Stunde bis 1 h 30 gehen lassen.

- Backofen auf 230 °C vorheizen. Jedes Brot 4 Mal diagonal einschneiden. 25–30 Minuten backen. Während der ersten 5 Minuten 3–4 Mal mit Wasser besprühen.

FLAUMIGES TOASTBROT

Weizenmehl Type 405
400 g

Lauwarme Milch
150 ml

Zucker
40 g

Ei
× 1

Weiche Butter
40 g

Hefe
15 g

Lauwarmes Wasser
100 ml

Salz
1 TL

Vorbereitungszeit 25 Minuten
Ruhezeit 8 Stunden

Kochzeit 50 Minuten

Für 1 Brot

- 20 g Mehl mit 100 ml Wasser in einem Topf verrühren. Bei niedriger Hitze, ohne zu kochen, unter ständigem Rühren eindicken lassen. 4 Stunden ruhen lassen.
- Hefe mit Milch verrühren. Mehl, Salz und Zucker vermengen. Hefe, Ei, Butter, Mehlmischung und Wasser zugeben. 10 Minuten kneten. 3 Stunden gehen lassen.
- 4 Laibe formen. Rechteckig ausrollen. 3 x wie einen Briefumschlag zusammenfalten, Teig um eine Vierteldrehung drehen, wieder ausrollen und 3 x zusammenfalten. In eine mit Butter ausgestrichenen Kastenform geben, zudecken und 1 Stunde gehen lassen.
- Backofen auf 150 °C vorheizen. 50 Minuten backen.

TOASTBROT MIT KRÄUTERN & KÄSE

Weizenmehl Type 812
oder Type 1050, 500 g

Gemischte Kräuter
1 Bund

Comté-, Cheddar-
oder Cantal-Käse gerieben
200 g

Chilipulver
1 Prise

Körniger Senf
1 EL

Hefe
15 g

Lauwarmes Wasser
300 ml

Salz
½ TL

Vorbereitungszeit 25 Minuten
Ruhezeit 2 h 10 Minuten

Kochzeit 50 Minuten

Für 1 großes Brot

- Hefe mit etwas lauwarmem Wasser verrühren. Mehl und Salz vermengen. Eine Grube machen und Hefe, Chilipulver, restliches Wasser und Senf hineingeben. Zu einem Teig verrühren und 10 Minuten mit der Hand kneten. Geriebenen Käse und gehackte Kräuter zugeben und durch Kneten einarbeiten. In eine Schüssel geben, zudecken und 1 h 30 gehen lassen.
- Teig zusammenschlagen, eine Rolle formen und in eine mit Öl ausgestrichene Kastenform geben. Zudecken und 40 Minuten gehen lassen.
- Backofen auf 190 °C vorheizen. Brot 40–50 Minuten backen.

SODABROT

Weizenmehl Type 1050
500 g

Fermentierte Milch
(Buttermilch, Laban)
350–400 ml

Honig
1 EL

Haferflocken
1 EL

Natron
1 TL

Salz
1 TL

Vorbereitungszeit 15 Minuten

Kochzeit 50 Minuten

Für 1 Brot

- Backofen auf 200 °C vorheizen.
- Salz, Natron und Mehl vermengen und in eine Schüssel sieben. In der Mitte eine Grube machen und Honig und fermentierte Milch hineingeben. Mit den Händen nach und nach die trockenen Zutaten vom Rand in die Mitte bringen, kurz mit der Hand kneten, bis ein homogener, ziemlich klebriger Teig entsteht.
- Teig in eine längliche Form bringen, in eine Kastenform legen, die Oberfläche mehrmals einschneiden und mit Haferflocken bestreuen.
- 45–50 Minuten backen.

CIABATTA

Weizenmehl Type 812
450 g

Hefe
20 g

Lauwarmes Wasser
250–300 ml

Salz
1 TL

Olivenöl
2 EL

Vorbereitungszeit 30 Minuten
Ruhezeit 1 Nacht + 3 h 45 Minuten

Kochzeit 30 Minuten

Für 1 Brot

- 5 g Hefe mit 60 ml lauwarmem Wasser verrühren, dann mit 150 g Mehl vermengen und 10 Minuten kneten. Zudecken und 12 Stunden an einem warmen Ort gehen lassen.
- Restliche Hefe mit 150 ml Wasser verrühren. Mit dem Teig vom Vortag und fast dem ganzen Wasser vermengen. Restliches Mehl und Salz zugeben und verkneten. Olivenöl und etwas Wasser zugeben. Der Teig soll etwas klebrig sein. Ziemlich lange kneten, zudecken und 2 h 30–3 Stunden gehen lassen.
- Teig auf ein heißes, bemehltes Blech legen und zu einem länglichen Laib formen. Mit mit Öl bestrichener Frischhaltefolie bedecken und 45 Minuten gehen lassen. Backofen auf 230 °C vorheizen. 25–30 Minuten backen.

NUSSBROT

Vorbereitungszeit 30 Minuten
Ruhezeit 1 Nacht + 3 Stunden

Kochzeit 45 Minuten

Für 1 großes Brot

Weizenmehl Type 1050
400 g

Dinkelmehl
200 g

Walnusskerne
150 g

Sauerteig (Seite 4)
200 g

Gefiltertes Wasser
400 ml

Salz
18 g

- Wasser, Sauerteig, Mehlsorten und Salz in einer Küchenmaschine 5 Minuten kneten. Nüsse zugeben und weiter kneten. In einen Behälter geben und über Nacht kalt stellen.
- Teig auf einer Arbeitsfläche ausziehen. Die Ränder zur Mitte hin umschlagen, festdrücken, eine Kugel formen und mit der Naht nach unten in eine mit einem bemehlten Tuch ausgelegte Schüssel geben. Tuchenden darüberschlagen, in einen Plastikbeutel geben, verschließen und den Teig 3 Stunden gehen lassen.
- Einen Schmortopf mit Deckel im Ofen auf 250 °C erhitzen. Teig auf Backpapier legen. Mit einem Cutter einschneiden und mit Papier in den Topf legen. Mit Deckel 30 Minuten, danach ohne Deckel 15 Minuten backen.

AMERIKANISCHES MAISBROT

Feiner Maisgrieß
300 g

Fermentierte Milch
(Buttermilch, Laban), 350 ml

Ei
× 1

Salbei
× 4 oder 5 Blätter

Chilipulver
1 Prise

Butter
30 g

Natron
1 TL

Salz
1 TL

Vorbereitungszeit 15 Minuten

Kochzeit 30 Minuten

Für 1 Brot

- Grieß, gehackte Salbeiblätter, Salz und Natron vermengen. Eine Grube machen und Ei und Milch zugeben. Alles zu einem homogenen Teig verarbeiten.
- Backofen auf 200 °C vorheizen. Eine für den Backofen geeignete Pfanne (25 cm) bei mittlerer Hitze erwärmen. Darin die Butter schmelzen. Pfanne schwenken, damit sich die Butter gut verteilt. Teig eingießen. Wenn er beginnt, am Boden fest zu werden, Pfanne in den Ofen schieben und Brot 25–30 Minuten backen.
- Sobald die Pfanne etwas ausgekühlt ist, Brot herausnehmen und bis zum Verzehr in ein Tuch wickeln. Mit Chilipulver bestreuen. Noch am selben Tag genießen.

FEIGENBROT

Weizenmehl Type 1200
oder Type 1600, 450 g

Lauwarme Milch
200 ml

Zucker
40 g

Weiche Butter
40 g

Getrocknete Feigen
200 g

Hefe
15 g

Lauwarmes Wasser
100–150 ml

Salz
1 TL

Vorbereitungszeit 15 Minuten
Ruhezeit 2 h 40 Minuten

Kochzeit 45 Minuten

Für 1 Brot

- Hefe mit lauwarmer Milch verrühren. Feigen hacken. Mehl, Salz und Zucker vermengen. Eine Grube machen und Milch mit Hefe, Wasser und Butter zugeben. 10 Minuten mit der Hand kneten. Feigen zugeben und einarbeiten. Zudecken und 2 Stunden gehen lassen.
- Teig zusammenschlagen. Mit der Hand zu einem Rechteck ausziehen. Die langen Enden zur Mitte einschlagen, festdrücken, ein Oval formen und in eine mit Öl ausgestrichene Kastenform geben. Zudecken und 40 Minuten gehen lassen, bis der Teig den Rand der Form erreicht hat.
- Backofen auf 190 °C vorheizen. 45 Minuten backen.

KAKAOBROT

Weizenmehl Type 812
300 g

Einkornmehl
150 g

Lauwarme Milch
250–300 ml

Dunkle Schokolade
100 g

Kakaopulver, ungesüßt
60 g

Zucker
30 g

Hefe
15 g

Salz
1 TL

Vorbereitungszeit 15 Minuten
Ruhezeit 2 h 40 Minuten

Kochzeit 45 Minuten

Für 1 Brot

- Hefe mit lauwarmer Milch verrühren. Schokolade hacken. Mehlsorten, Kakaopulver, Salz und Zucker vermengen. Eine Grube machen und Milch mit Hefe zugeben. 10 Minuten mit der Hand kneten. Gehackte Schokolade zugeben und einarbeiten. Zudecken und 2 Stunden gehen lassen.

- Teig zusammenschlagen. Mit der Hand rechteckig ausziehen. Die langen Enden zur Mitte schlagen, festdrücken, ein Oval formen und in eine mit Öl ausgestrichene Kastenform geben. Zudecken und 40 Minuten gehen lassen, bis der Teig den Rand der Form erreicht hat. Backofen auf 190 °C vorheizen. 45 Minuten backen.

BLÄTTERTEIG-SCHNECKEN

Weizenmehl Type 1200
300 g

Dinkelmehl
150 g

Weiche Butter
200 g

Hefe
15 g

Lauwarmes Wasser
300–350 ml

Salz
1 TL

Vorbereitungszeit 30 Minuten
Ruhezeit 3 h 30 Minuten

Kochzeit 45 Minuten

Für 8 Brötchen

- Butter zwischen Backpapier zu einem Quadrat (15 cm) ausrollen und kalt stellen.
- Hefe mit lauwarmem Wasser verrühren. Mehlsorten, Salz und Hefe 10 Minuten verkneten. 2 Stunden gehen lassen.
- Teig zu einem Quadrat (25 cm) ausziehen. Butter in die Mitte legen und Teig darüberschlagen. Zu einem länglichen Rechteck ausrollen, 3 x zusammenfalten, um eine Vierteldrehung drehen, ausrollen und zusammenfalten. 30 Minuten kalt stellen. Vorgang 2 x wiederholen. Teig achteln und jeweils zu Rechtecken ausrollen. Stränge formen und zu Schnecken aufrollen. 1 Stunde auf dem Blech gehen lassen. Backofen auf 190 °C vorheizen. 45 Minuten backen.

ROSMARIN-BRÖTCHEN

Vorbereitungszeit 10 Minuten

Kochzeit 10 Minuten

4 Portionen

Pizzateig
1 Portion

Mehl
1 EL

Rosmarin
× 1 Zweig

Fleur de Sel
1 Prise

Olivenöl
2 EL

- Pizzateig in 4 Teiglinge teilen und jeweils auf einer bemehlten Arbeitsfläche ausrollen. Eine Pfanne (wenn möglich Grillpfanne) bei hoher Hitze erwärmen und die flachen Brötchen auf jeder Seite einige Minuten backen.
- Mit Olivenöl beträufeln und mit Rosmarin und Fleur de Sel bestreuen. Sofort servieren.

RUNDBRÖTCHEN

Weizenmehl Type 550
375 g

Weiche Butter
15 g

Zucker
10 g

Ei
× 1

Vorteig (Seite 6)
75 g

Hefe
2 g

Lauwarmes Wasser
200–250 ml

Salz
10 g

Vorbereitungszeit 20 Minuten
Ruhezeit 10 Stunden

Kochzeit 25 Minuten

Für 6 Brötchen

- Hefe mit 200 ml lauwarmem Wasser verrühren. Mit dem Vorteig vermengen. Zucker, Salz, Butter und Mehl zugeben. Zu einem homogenen Teig verarbeiten, etwas Wasser zugeben, wenn er zu trocken ist. 8–10 Minuten mit der Hand bzw. 5 Minuten mit der Küchenmaschine kneten, dabei langsam die Geschwindigkeit erhöhen. Teig 8 Stunden zugedeckt gehen lassen.
- Teig sechsteln und zu Kugeln formen. Diese mit verquirltem Ei bestreichen. Zudecken und 2 Stunden gehen lassen.
- Backofen auf 230 °C vorheizen. 25 Minuten backen.

HOT DOG-BRÖTCHEN

Weizenmehl Type 550
375 g

Lauwarme Milch
200–250 ml

Weiche Butter
15 g

Zucker
10 g

Ei
× 1

Vorteig (Seite 6)
75 g

Hefe
2 g

Salz
10 g

Vorbereitungszeit 20 Minuten
Ruhezeit 10 Stunden

Kochzeit 25 Minuten

Für 6 Brötchen

- Hefe mit 200 ml lauwarmer Milch verrühren. Mit dem Vorteig vermengen. Zucker, Salz, Butter und Mehl zugeben und zu einem Teig verarbeiten. Etwas Milch zugeben, wenn er zu trocken ist. 8–10 Minuten mit der Hand oder 5 Minuten mit der Küchenmaschine kneten, dabei die Geschwindigkeit langsam erhöhen. 8 Stunden gehen lassen.
- Zuerst 6 längliche flache Laibe formen, daraus 15 cm lange Stränge rollen. Diese auf mit Öl bestrichene Bleche legen und mit verquirltem Ei bestreichen. Zudecken und 2 Stunden gehen lassen.
- Jedes Brötchen 3–4 x diagonal einschneiden. Backofen auf 230 °C vorheizen. 25 Minuten backen.

BAGELS

Vorbereitungszeit 25 Minuten
Ruhezeit 2 Stunden

Kochzeit 30 Minuten

Für 12 Bagels

Weizenmehl Type 550
800 g

Traubenkernöl
2 EL

Honig
3 EL

Hefe
15 g

Lauwarmes Wasser
350–400 ml

Salz
3 EL

- Hefe mit etwas lauwarmem Wasser verrühren. Mehl mit 1 EL Salz vermengen und eine Grube machen. Hefe, 2 EL Honig, Öl und restliches Wasser zugeben und einarbeiten. 10 Minuten mit der Hand kneten.
- Teig in 12 Teile teilen. Rollen (12 cm) formen und zu einem Ring schließen, dabei die Enden gut zusammendrücken. Auf ein Blech legen, zudecken und 2 Stunden gehen lassen.
- Backofen auf 225 °C vorheizen, eine Schüssel mit Wasser unten hineinstellen. In einem großen Topf Wasser mit Honig und dem restlichen Salz zum Köcheln bringen. Darin Bagels 1 Minute 30 pochieren, dabei 1 x wenden. Auf ein mit Öl bestrichenes Blech legen und 30 Minuten backen.

ENGLISCHE MUFFINS

Weizenmehl Type 812
325 g

Lauwarme Milch
180 ml

Ei
× 1

Feiner Grieß
3 EL

Weiche Butter
15 g

Hefe 8 g

Backpulver
1 TL

Salz
1 TL

Vorbereitungszeit 20 Minuten
Ruhezeit 2 h 30 Minuten

Kochzeit 15 Minuten

Für 8 Muffins

- ○ Hefe mit lauwarmer Milch verrühren. Mehl, Salz und Backpulver vermengen und Hefe-Mischung, Butter und Ei zugeben. 10 Minuten mit der Hand kneten. In eine Schüssel geben, zudecken und 1 h 30 gehen lassen.
- ○ Teig auf einer mit Grieß bestreuten Arbeitsfläche in 8 Teile teilen und zu Kugeln formen. Auf 1,5 mm flach drücken. Auf ein Tuch legen, zudecken und 1 Stunde gehen lassen.
- ○ Backofen auf 200 °C vorheizen. Eine Pfanne mit schwerem Boden erhitzen und die Muffins 2 Minuten bei niedriger Hitze auf der einen, dann 4 Minuten auf der anderen Seite backen. Dann auf ein Blech legen und 5 Minuten fertig backen.

KARTOFFEL-SCONES

Weizenmehl Type 550
100 g

Mehlige Kartoffeln
300 g

Butter
50 g

Backpulver
1 Prise

Salz
½ TL

Vorbereitungszeit 25 Minuten

Kochzeit 1 Stunde

Für 12 Scones

- Kartoffeln in Wasser 30 Minuten kochen. Schälen und mit 25 g Butter stampfen. Mehl, Salz und Backpulver einarbeiten.
- Teig dritteln und Kugeln formen. Auf einer bemehlten Arbeitsfläche jede Kugel zu einem 5 mm dicken Fladen ausrollen. Diese vierteln und die Teile auf bemehltes Backpapier legen.
- Eine Pfanne, wenn möglich aus Gusseisen, bei ziemlich hoher Hitze erwärmen. Hitze reduzieren, Pfanne mit Butter ausstreichen und die Scones in mehreren Durchgängen 5 Minuten auf jeder Seite backen, bis sie leicht gebräunt sind.

PITAS

Vorbereitungszeit 20 Minuten
Ruhezeit 1 h 30 Minuten

Kochzeit 8 Minuten

Für etwa 12 Pitas

Weizenmehl Type 550
oder Type 812
500 g

Weiche Butter
20 g

Olivenöl
1 EL

Hefe
10 g

Lauwarmes Wasser
150 ml

Salz
1 TL

- Hefe mit etwas lauwarmem Wasser verrühren. Mehl und Salz vermengen, eine Grube machen, Hefe, restliches Wasser, Öl und weiche Butter zugeben und vermengen. 10 Minuten mit der Hand kneten. In eine Schüssel geben, zudecken und 1 h 30 gehen lassen.
- Backofen auf 220 °C vorheizen und mit Öl bestrichene Bleche in den Ofen schieben. Teig in 12 gleiche Teile teilen, Kugeln formen und diese zu Fladen flach drücken. Teig, der gerade nicht bearbeitet wird, mit einem Tuch zudecken, damit er nicht austrocknet.
- Auf die Bleche legen und in mehreren Durchgängen 7–8 Minuten backen, bis die Pitas wie Fallschirme aufgehen und nur leicht gebräunt sind.

SCHNECKEN-ZUPFBROT

Weizenmehl Type 550
oder Type 812, 300 g

Weiche Butter
60 g

Ei
× 1

Olivenöl
1 EL

Gomasio
2 EL

Hefe
15 g

Lauwarmes Wasser
120–50 ml

Salz
5 g

Vorbereitungszeit 30 Minuten
Ruhezeit 2 Stunden

Kochzeit 30 Minuten

Für 12 Brötchen

- Hefe mit lauwarmem Wasser verrühren. Mehl mit Salz vermengen, eine Grube machen und Hefe mit Wasser, Butter in Stücken und Ei zugeben. Zu einem Teig vermengen und 10 Minuten mit der Hand kneten. Zudecken und 1 h 30 gehen lassen.

- Teig rechteckig ausrollen. Der Länge nach zu einem festen Zylinder aufrollen. In 1,5–3 cm dicke Scheiben schneiden und auf ein mit Öl bestrichenes Blech setzen. Zudecken und 30 Minuten gehen lassen.

- Backofen auf 180 °C vorheizen. Brötchen mit Öl bestreichen und mit Gomasio bestreuen. 25–30 Minuten goldbraun backen. Je größer die Scheiben sind, desto länger ist die Backzeit.

KÄSE-FLADEN

Weizenmehl Type 812
500 g

Weiche Butter
30 g

Schmelzkäse
8 Dreiecke

Hefe
20 g

Lauwarmes Wasser
250–300 ml

Salz
2 TL

Vorbereitungszeit 15 Minuten
Ruhezeit 1 Stunde

Kochzeit 30 Minuten

Für 8 Fladenbrote

- Hefe mit etwas lauwarmem Wasser verrühren. Mehl und Salz vermengen. Eine Grube machen und Hefe, restliches Wasser und Butter zugeben. Zu einem Teig verrühren und 10 Minuten mit der Hand kneten. In eine Schüssel geben, zudecken und 1 Stunde gehen lassen.
- Teig in 8 Teile teilen und zu Kugeln rollen. Diese zu 5 mm dicken Fladen flach drücken. Ein Stück Käse in die Mitte legen, Ränder darüberschlagen und nochmals abflachen.
- Pfanne mit schwerem Boden, vorzugsweise aus Gusseisen, erhitzen und Fladen 3–4 Minuten auf der einen Seite und 1 Minute auf der anderen Seite backen.

NAAN-BROTE, EXPRESS

Weizenmehl Type 550
oder Type 812, 500 g

Lauwarme Milch
150 ml

Griechischer Joghurt
400 g

Traubenkernöl
4 EL

Koriander
× ½ Bund

Hefe
12 g

Backpulver
1 TL

Salz
1 TL

Vorbereitungszeit 20 Minuten
Ruhezeit 1 h 30 Minuten

Kochzeit 5 Minuten

Für 10 Naan

- ○ Hefe mit etwas lauwarmer Milch verrühren. Korianderblätter mit restlicher Milch im Mixer pürieren. Mehl, Salz und Backpulver vermengen, eine Grube machen und Hefe, Koriandermilch, Joghurt und Öl zugeben, zu einem Teig vermengen. 10 Minuten mit der Hand kneten. In eine Schüssel geben, zudecken und 1 h 30 gehen lassen.
- ○ Backofen auf 230 °C vorheizen und mit Öl bestrichene Bleche in den Ofen schieben. Teig in 10 Teile teilen und zu ovalen Laiben formen. Teig, der gerade nicht bearbeitet wird, mit einem Tuch zudecken, damit er nicht austrocknet.
- ○ Ovale auf die Bleche legen und wenige Minuten goldbraun backen. Sobald sie aufgebläht sind, herausnehmen.

PAROTHAS, EXPRESS

Weizenmehl Type 812
300 g

Eiweiß
× 1

Traubenkernöl
3 EL

Butter
50 g

Lauwarmes Wasser
150 ml

Salz
1 TL

Vorbereitungszeit 25 Minuten
Ruhezeit 1 Stunde

Kochzeit 30 Minuten

Für 8 Parathas

- Wasser und Salz verrühren. Eiweiß, Mehl und Öl zugeben und mit der Hand 10 Minuten kneten. Zudecken und 1 Stunde ruhen lassen.
- Butter schmelzen lassen. Etwas davon auf einer Arbeitsfläche verstreichen. Teig in 8 Teile teilen. Mit befetteten Fingern jeden Teil zu einem möglichst dünnen Rechteck ausziehen. Mit Butter bestreichen, der Länge nach wie ein Akkordeon zu einer langen Rolle falten. Zu einer Schnecke aufrollen und mit einem Nudelholz abflachen. Für alle Parothas Vorgang wiederholen.
- In einer Pfanne mit schwerem Boden Butter schmelzen lassen und Parothas bei niedriger Hitze auf jeder Seite 4–5 Minuten backen.

CHAPATIS

Weizenmehl Type 1050
oder Type 1600, 350 g

Sonnenblumenöl
2 EL

Lauwarmes Wasser
200–250 ml

Salz
½ TL

Vorbereitungszeit 15 Minuten
Ruhezeit 30 Minuten

Kochzeit 10 Minuten

Für 8 Chapati

- Mehl und Salz vermengen. Eine Grube machen, Öl zugeben und vermengen. Langsam Wasser zugießen und 10 Minuten mit der Hand zu einem Teig verkneten. Zudecken und 30 Minuten bei Raumtemperatur ruhen lassen.
- Teig in 8 Teile teilen, Kugeln formen und diese zu 2–3 mm dicken Fladen flach drücken.
- Eine Pfanne, vorzugsweise aus Gusseisen, erhitzen und die Fladen jeweils auf einer Seite backen, bis sie braune Flecken aufweisen, doch der Rest blass bleibt. Chapatis mit einem Spatel drücken, damit sie sich besser aufblähen. Wenden und etwa 1 Minute fertig garen.

WEIZENTORTILLAS

Weizenmehl Type 812
300 g

Butter
60 g

Backpulver
1 ½ TL

Lauwarmes Wasser
200–250 ml

Salz
1 TL

Vorbereitungszeit 15 Minuten
Ruhezeit 30 Minuten

Kochzeit 25 Minuten

Für 12 Tortillas

- Mehl, Salz und Backpulver vermengen. Butter mit den Fingerspitzen einarbeiten, sodass Krümel entstehen. Wasser zugießen und zu einem leicht klebrigen Teig verarbeiten. Zudecken und 30 Minuten ruhen lassen.
- Teig in 12 Teile teilen und Kugeln formen. Jede Kugel mit einem Nudelholz auf einer bemehlten Arbeitsfläche zu einer 1–2 mm dicken Flade ausrollen.
- Eine Pfanne mit schwerem Boden erhitzen und Fladen auf jeder Seite 1 Minute backen.

BREZEL

Weizenmehl Type 812
450 g

Lauwarme Milch
180 ml

Geschmolzene Butter
30 g

Ei
× 1

Hefe
12 g

Lauwarmes Wasser
150 ml

Salz
1 TL

Fleur de Sel
einige Prisen

Vorbereitungszeit 25 Minuten
Ruhezeit 1 h 30 Minuten

Kochzeit 25 Minuten

Für 16 Brezel

- Mehl und 1 TL Salz vermengen. Hefe mit 150 ml lauwarmer Milch verrühren. Im Mehl eine Grube machen, Hefe und geschmolzene Butter zugeben und vermengen. 5 Minuten kneten. 1–1 h 30 gehen lassen.
- 16 Rollen (30 cm) formen, Enden verknoten und festdrücken. 10 Minuten gehen lassen.
- Backofen auf 200 °C vorheizen. Wasser mit Salz in einem Topf erhitzen. Brezel einzeln einlegen und mit einem Schaumlöffel herausheben, sobald sie an die Oberfläche steigen. Auf einem Tuch abtropfen lassen. Brezel auf ein mit Öl bestrichenes Blech legen und mit verquirlter Ei-Milch-Mischung bestreichen. Mit Fleur de Sel bestreuen und 25 Minuten backen.

GRISSINI

Weizenmehl Type 550
500 g

Hefe
10 g

Olivenöl
4 EL

Lauwarmes Wasser
300 ml

Salz
5 g

Feiner Grieß
20 g

Vorbereitungszeit 10 Minuten
Ruhezeit 1 Stunde

Kochzeit 20 Minuten

Für 30 Grissini

- Hefe zerkrümeln und mit einem Drittel des Wassers verrühren. Auf einer Arbeitsfläche Mehl und Salz verrühren, eine Grube machen und Hefe, 3 EL Olivenöl und restliches Wasser zugeben. 5–10 Minuten zu einem glatten, leicht elastischen Teig verkneten.
- Teig rechteckig ausziehen, mit Olivenöl bestreichen. Zudecken und 1 Stunde bei Raumtemperatur gehen lassen.
- Backofen auf 220 °C vorheizen. Teig in 2 × 10 cm große Rechtecke schneiden, im Grieß wälzen, bis sie die gewünschte Form angenommen haben. Mit genügend Abstand auf einem Blech 15–20 Minuten backen.

GRISSINI MIT PARMESAN & BASILIKUM

Weizenmehl Type 550
80 g

Parmesan-Käse
25 g

Butter
25 g

Basilikum
× 8 Zweige

Vorbereitungszeit 10 Minuten

Kochzeit 15 Minuten

Für 18 Grissini

- Backofen auf 180 °C vorheizen.
- Mehl, geriebenen Parmesan, weiche Butter in Würfeln, gehacktes Basilikum, 2 Prisen Salz und Pfeffer vermengen. 300 ml kaltes Wasser zugeben und zu einem homogenen Teig verarbeiten.
- Teig in 18 Teile teilen und zu 15 cm langen Stäben rollen.
- Auf ein mit Backpapier ausgelegtes Blech legen und 15 Minuten backen. Auf einem Gitter auskühlen lassen.

PAO DE QUEIJO – KÄSEBÄLLCHEN

Maniokmehl oder -stärke
500 g

Milch
200 ml

Sonnenblumenöl
75 ml

Eier
× 4

Parmesan-Käse
200 g

Gruyère-Käse, gerieben
200 g

Vorbereitungszeit 35 Minuten

Kochzeit 25 Minuten

Für 24 Brötchen

- Backofen auf 180 °C vorheizen. Maniokmehl und 2 TL Salz vermengen.
- Milch und Öl verrühren und zum Kochen bringen. Mehl zugeben und gut einarbeiten.
- Zuerst geriebenen Käse zugeben, danach die Eier und verkneten.
- 24 eigroße Kugeln formen und im Abstand von 2 cm auf ein mit Backpapier ausgelegtes Blech legen und 25 Minuten backen.

MEHL FÜR GLUTENFREIES BROT

Reismehl
500 g

Sorghummehl
225 g

Tapiokamehl
110 g

Kartoffelstärke
110 g

Xanthan-Stärke
25 g

Vorbereitungszeit 5 Minuten

Ohne Kochen

Für 1 kg Mehl

- Alle Zutaten sorgfältig vermengen, sodass die Xanthan-Stärke gut verteilt ist.
- In einem luftdichten Behälter aufbewahren.
- Diese Mischung eignet sich perfekt für glutenfreies Brot.

EINFACHES BROT

Vorbereitungszeit 10 Minuten
Ruhezeit 3 Stunden

Kochzeit 45 Minuten

Für 1 Brot

Mehl
(Seite 82)
500 g

Trockenhefe, glutenfrei
5 g

Salz
½ TL

Zucker
1 EL

Lauwarmes Wasser
420 ml

- Backofen 30 Minuten auf 220 °C vorheizen.
- Mehl, Trockenhefe, Salz und Zucker vermengen. Lauwarmes Wasser (auf 42 °C vorgewärmt) zugeben und zu einem homogenen Teig verarbeiten. In eine Schüssel geben, mit einem Teller zudecken und 3 Stunden bei Raumtemperatur gehen lassen.
- Teig auf ein mit Backpapier ausgelegtes Blech geben, einen Laib formen, ohne die Luft entweichen zu lassen, und 45 Minuten backen.

FOCACCIA MIT KRÄUTERN

Glutenfreies Mehl (Seite 82)
400 g

Trockenhefe, glutenfrei
10 g

Olivenöl
50 ml

Kräuter der Provence
2 TL

Grobes Salz
1 TL

Lauwarmes Wasser
320 ml

Zucker
1 Prise

Vorbereitungszeit 15 Minuten
Ruhezeit 2 h 10 Minuten

Kochzeit 40 Minuten

Für 1 Focaccia

- Mehl, Trockenhefe, Salz und Zucker vermengen. Lauwarmes Wasser (auf 42 °C vorgewärmt) zugeben und 10 Minuten ruhen lassen.
- Mehl, Olivenöl, Kräuter und Trockenhefe vermengen. Mit Salz und Pfeffer würzen. 10 Minuten zu einem homogenen Teig verarbeiten.
- Auf einem mit Backpapier ausgelegtem Blech zusammenschlagen, mit grobem Salz bestreuen und 2 Stunden bei Raumtemperatur gehen lassen.
- Backofen auf 180 °C vorheizen und 40 Minuten backen.

FOCACCIA MIT OLIVEN

Glutenfreies Mehl (Seite 82)
300 g

Buchweizenmehl
100 g

Trockenhefe, glutenfrei
10 g

Sardellen
× 12

Oliven
70 g

Olivenöl
50 ml

Lauwarmes Wasser
320 ml

Zucker
1 Prise

Vorbereitungszeit 15 Minuten
Ruhezeit 2 Stunden

Kochzeit 40 Minuten

Für 1 Focaccia

- Mehl, Trockenhefe, Salz und Zucker vermengen. Lauwarmes Wasser (auf 42 °C vorgewärmt) zugeben und 10 Minuten ruhen lassen.
- Mehlsorten, Sardellen, Oliven, Olivenöl und Trockenhefe vermengen. Mit Salz und Pfeffer würzen. 10 Minuten zu einem homogenen Teig verarbeiten.
- Auf einem mit Backpapier ausgelegtem Blech zusammenschlagen, mit grobem Salz bestreuen und 2 Stunden bei Raumtemperatur gehen lassen.
- Backofen auf 180 °C vorheizen und 40 Minuten backen.

TOASTBROT

Glutenfreies Mehl (Seite 82)
390 g

Eiweiße
× 3

Zucker
30 g

Olivenöl
60 ml

Essig
1 EL

Trockenhefe, glutenfrei
8 g

Lauwarmes Wasser
180 ml

Vorbereitungszeit 20 Minuten
Ruhezeit 55 Minuten

Kochzeit 45 Minuten

Für 1 Toastbrot

- Mehl, Trockenhefe, Salz und Zucker vermengen. Lauwarmes Wasser (auf 42 °C vorgewärmt) zugeben und 10 Minuten ruhen lassen. Eiweiße zu sehr festem Schnee schlagen.
- Olivenöl und Essig verrühren, Trockenhefe zugeben und die Mischung mit dem geschlagenen Eiweiß vermengen. Mehl zugeben und 1 Minute einarbeiten.
- Teig in eine Kastenform geben und 45 Minuten gehen lassen.
- Backofen auf 180 °C vorheizen und 45 Minuten backen.

FEIGEN-NUSSBROT

Glutenfreies Mehl
(Seite 82)
500 g

Trockenhefe, glutenfrei
5 g

Salz
½ TL

Zucker
1 EL

Nüsse
80 g

Getrocknete Feigen
× 10

Lauwarmes Wasser
420 ml

Vorbereitungszeit 15 Minuten
Ruhezeit 3 Stunden

Kochzeit 45 Minuten

Für 1 Brot

- Mehl, Trockenhefe, Nüsse, gehackte Feigen, Salz und Zucker vermengen. Lauwarmes Wasser (auf 42 °C vorgewärmt) zugeben und zu einem homogenen Teig verarbeiten. In eine Schüssel geben, mit einem Teller zudecken und 3 Stunden bei Raumtemperatur gehen lassen.
- Backofen 30 Minuten auf 220 °C vorheizen.
- Teig auf ein mit Backpapier ausgelegtes Blech geben, einen Laib formen, ohne die Luft entweichen zu lassen, und 45 Minuten backen.

LEBKUCHEN

Vorbereitungszeit 10 Minuten

Kochzeit 40 Minuten

Für 1 Lebkuchen

Teffmehl
250 g

Honig
200 g

Backpulver, glutenfrei
1 Paket

Eier
× 2

Lauwarme Milch
100 ml

Viergewürz
2 TL

- Backofen auf 160 °C vorheizen.
- Mehl, Backpulver und Gewürze vermengen. Honig bei niedriger Hitze leicht erwärmen, über das Mehl gießen und gleichzeitig einrühren. Eier nach und nach unterrühren, danach lauwarme Milch einarbeiten.
- Teig in eine Kastenform geben und 40 Minuten backen.

MILCHBRÖTCHEN

Vorbereitungszeit 20 Minuten
Ruhezeit 2 h 45 Minuten

Kochzeit 20 Minuten

Für 8 Brötchen

Glutenfreies Mehl
(Seite 82)
300 g

Trockenhefe, glutenfrei
10 g

Butter
100 g

Lauwarme Milch
240 ml

Zucker
40 g

Eigelb
× 1

- Mehl, Trockenhefe und Zucker vermengen. Eigelb mit lauwarmer Milch und geschmolzener Butter verrühren und über die Mehlmischung gießen. Alles zu einem glatten Teig verarbeiten. 2 Stunden gehen lassen.
- Brötchen formen und auf ein mit Backpapier ausgelegtes Backblech legen. Mit Milch bestreichen und 45 Minuten gehen lassen.
- Backofen auf 180 °C vorheizen. Brötchen 20 Minuten backen.

YUCCA-BRÖTCHEN

Tapiokamehl
160 g

Feta
300 g

Backpulver, glutenfrei
1 TL

Weiche Butter
60 g

Ei
× 1

Salz
1 Prise

Vorbereitungszeit 10 Minuten

Kochzeit 8 Minuten

Für 20 Brötchen

- Backofen auf 260 °C vorheizen.
- Feta zerkrümeln und mit Mehl, Backpulver und Salz vermengen. Ei und Butter einarbeiten, bis sich eine Kugel formt.
- Aus dem Teig 20 kleine Brötchen machen und auf ein mit Backpapier ausgelegtes Blech legen.
- 8 Minuten backen und sofort genießen.

SCHWARZKÜMMEL-BROT

Weizenmehl Type 812
500 g

Zucker
60 g

Eier
× 2

Weiche Butter
200 g

Schwarzkümmel
2 EL

Hefe
30 g

Lauwarmes Wasser
200–250 ml

Salz
15 g

Vorbereitungszeit 30 Minuten
Ruhezeit 1 h 20 Minuten

Kochzeit 30 Minuten

Für 1 Brot

- Hefe in Wasser auflösen. Mehl, Salz und Zucker vermengen, Hefe und 1 Ei zugeben und 10 Minuten kneten. 60 g Butter einarbeiten und 1 Stunde gehen lassen.
- 6 Kugeln formen. Eine Springform (20 cm) mit Butter ausstreichen. Die Hälfte der weichen Butter auf einer Arbeitsfläche verteilen. Mit befetteten Fingern jede Kugel zu einer dünnen Flade ausziehen. Mit Schwarzkümmel bestreuen. Fladen rollen, um sich selbst zu einer Schnecke drehen und in die Springform setzen. Mit verquirltem Ei bestreichen und mit Schwarzkümmel bestreuen. Zudecken und 20 Minuten ruhen lassen.
- Backofen auf 180 °C vorheizen und 30 Minuten backen.

MARGERITE

Weizenmehl Type 1050
400 g

Weiche Butter
40 g

Sesamkörner
2 EL

Hefe
15 g

Lauwarmes Wasser
250 ml

Salz
1 TL

Vorbereitungszeit 25 Minuten
Ruhezeit 7 h 30 Minuten

Kochzeit 50 Minuten

Für 1 Margerite

- 20 g Mehl mit 100 ml Wasser in einen Topf geben. Bei niedriger Hitze unter Rühren, ohne zu kochen, eindicken lassen. 4 Stunden ruhen lassen.
- Hefe mit dem restlichen Wasser verrühren. Mehl und Salz vermengen. Hefe, Butter und Mehl-Wasser-Mischung vermengen und 10 Minuten kneten. Zudecken und 2 h 30 gehen lassen.
- 8 Kugel formen. 7 Kugeln rund um eine zentrale Kugel anordnen. Mit etwas Wasser bestreichen und mit Sesam bestreuen. Auf ein mit Öl bestrichenes Blech geben. Zudecken und 1 Stunde gehen lassen.
- Backofen auf 150 °C vorheizen und 45–50 Minuten backen.

FOCACCIA

Weizenmehl Type 405
500 g

Trockenhefe,
1 Paket

Olivenöl
150 ml

Zucker
1 TL

Rosmarin
× 4 Zweige

Grobes Salz
1 TL

Lauwarmes Wasser
300 ml

Salz
2 Prisen

Vorbereitungszeit 10 Minuten
Ruhezeit 2 h 30 Minuten

Kochzeit 25 Minuten

Für 1 Focaccia

- Trockenhefe mit lauwarmem Wasser verrühren. 50 ml Öl und Zucker zugeben. Mehl in eine Schüssel geben und mit 2 Prisen Salz vermengen. 10 Minuten kneten. Zudecken und 2 Stunden bei Raumtemperatur gehen lassen.
- Hände mit Öl befetten und den Teig auf einem mit Backpapier ausgelegten Blech zu einem großen Rechteck ausziehen. 30 Minuten ruhen lassen.
- Mit den Fingern Löcher in den Teig bohren, mit dem restlichen Öl beträufeln, mit Rosmarin und grobem Salz bestreuen.
- 25 Minuten bei 200 °C backen.

FOCACCIA MIT ZWIEBEL

Weizenmehl Type 812
300 g

Weizenmehl Type 405
300 g

Olivenöl
4 EL

Zwiebel
× 1

Hefe
25 g

Lauwarmes Wasser
300–350 ml

Salz
2 TL

Vorbereitungszeit 25 Minuten
Ruhezeit 3 h 30 Minuten

Kochzeit 30 Minuten

Für 2 Focaccie

- Hefe mit etwas lauwarmem Wasser verrühren. Mehlsorten und Salz vermengen, eine Grube machen, Hefe-Wasser-Mischung, restliches Wasser und 2 EL Öl zugießen und zu einem Teig verarbeiten. 10 Minuten mit der Hand kneten. In eine Schüssel geben, zudecken und 1 h 30 gehen lassen.
- Teig halbieren. 2 Kugeln formen, zu 1,5 cm dicken Ovalen mit 25 cm Länge ausrollen. Auf ein mit Öl bestrichenes Blech legen, zudecken und 2 Stunden gehen lassen.
- Eine Schüssel Wasser in den Backofen stellen und auf 230 °C vorheizen. Die Focaccias mit in Ringe geschnittener Zwiebel bestreuen und mit Olivenöl beträufeln. 25–30 Minuten backen.

FOCACCIA MIT SPECKWÜRFELN

Weizenmehl Type 550
oder Type 812, 450 g

Olivenöl
3 EL

Hefe
10 g

Lauwarmes Wasser
250 ml

Salz
½ TL

Thymian
× 3 Zweige

Speckwürfel
200 g

Vorbereitungszeit 25 Minuten
Ruhezeit 2 h 10 Minuten

Kochzeit 20 Minuten

Für 4 Focciacce

- Focacciateig zubereiten, wie auf Seite 106 beschrieben. 1 h 30 gehen lassen. Teig vierteln und Kugeln formen. Diese abflachen, Ränder zur Mitte schlagen und festdrücken. Zudecken und 10 Minuten gehen lassen.

- Jeden Teigling auf ein 6 x 7 mm großes Rechteck ausrollen. 3 x diagonal einen Schlitz machen. Auf zwei Bleche legen, zudecken und 30 Minuten gehen lassen.

- Speckwürfel in einer Pfanne anbraten. Backofen auf 230 °C vorheizen. Brote mit Öl beträufeln, Speckwürfel darauf verteilen und mit Thymian bestreuen. 20 Minuten backen.

ZOPFBROT MIT RUCOLA

Weizenmehl Type 812
300 g

Lauwarme Milch
120 ml

Ei
× 1

Weiche Butter
80 g

Rucola
150 g

Walnusskerne
30 g

Hefe
20 g

Salz
15 g

Vorbereitungszeit 30 Minuten
Ruhezeit 1 h 50 Minuten

Kochzeit 45 Minuten

Für 1 Zopfbrot

- ○ Hefe mit Milch verrühren. Mehl und Salz vermengen. Eine Grube machen, Hefe und Ei zugeben und 10 Minuten mit der Hand kneten. 60 g Butter einarbeiten. In einer Schüssel zugedeckt 1 h 30 bei Raumtemperatur gehen lassen.
- ○ Rucola mit restlicher weicher Butter und Nüssen im Mixer pürieren.
- ○ Teig zu einem Rechteck ausrollen. Rucola-Mischung darauf verteilen, den Teig rollen und der Länge nach dritteln, ohne ihn oben ganz durchzuschneiden. Zu einem Zopf flechten und in eine mit Öl ausgestrichene Kastenform geben. Zudecken und 20 Minuten gehen lassen.
- ○ Backofen auf 180 °C vorheizen. 45 Minuten backen.

SAFRANBROT

Weizenmehl Type 405
400 g

Lauwarme Milch
250 ml

Zucker
40 g

Weiche Butter
40 g

Ei
× 1

Safran
1 Prise

Hefe
15 g

Salz, 1 TL

Vorbereitungszeit 25 Minuten
Ruhezeit 8 Stunden

Kochzeit 50 Minuten

Für 1 Brot

- 20 g Mehl mit 100 ml Wasser in einen Topf geben. Bei niedriger Hitze unter Rühren, ohne zu kochen, eindicken lassen. 4 Stunden ruhen lassen.

- Zucker und Safran zur restlichen Milch geben, darin die Hefe verrühren. Mehl und Salz vermengen. Hefemischung, Ei, Butter und Mehl-Milch-Mischung zugeben. 10 Minuten kneten. 3 Stunden gehen lassen.

- Teig in 6 Kugeln teilen, diese zu Rechtecken ausrollen. Jedes Rechteck 3 x falten wie zu einem Briefumschlag, um eine Vierteldrehung drehen, wieder ausrollen und falten. In eine mit Butter ausgestrichene Kastenform geben. Zudecken und 1 Stunde gehen lassen. Backofen auf 150 °C vorheizen. 50 Minuten backen.

GRIESSBROT

Vorbereitungszeit 20 Minuten
Ruhezeit 2 Stunden

Kochzeit 20 Minuten

Für 2 runde Brote

Feiner Grieß
500 g

Zucker
1 TL

Olivenöl
1 EL

Hefe
10 g

Lauwarmes Wasser
250 ml

Salz
1 TL

- Hefe mit etwas lauwarmem Wasser verrühren. Grieß, Salz und Zucker vermengen, eine Grube machen und Hefemischung, restliches Wasser und Olivenöl zugeben. 10 Minuten mit der Hand kneten. In eine Schüssel geben und 1 h 30 gehen lassen.
- Teig halbieren, Kugeln formen und diese zu 5 mm dicken Fladen ausrollen. Zudecken und 30 Minuten gehen lassen.
- Eine für die Fladen passende Pfanne erhitzen, Boden mit Öl bestreichen, Hitze reduzieren und Fladen 10 Minuten backen, dabei mindestens 1 x wenden, bis sie auf beiden Seiten goldbraun sind.

de Buyer

TOMATEN, PESTO & BASILIKUM

Landbrot
× 8 Scheiben

Pesto
4 EL

Sonnengetrocknete
Tomaten, 300 g

Basilikum
einige Blätter

Vorbereitungszeit 10 Minuten

Ohne Kochen

4 Portionen

- Brotscheiben rösten.
- Mit Pesto und sonnengetrockneten Tomaten belegen und mit einigen Basilikumblättern garnieren.

TOMATEN & KNOBLAUCH

Landbrot
× 8 Scheiben

Knoblauch
× 2 Zehen

Tomaten
× 2 oder 3

Olivenöl
4 EL

Vorbereitungszeit 10 Minuten

Ohne Kochen

4 Portionen

- Knoblauchzehen schälen, Keim entfernen. Tomaten waschen, abtrocknen und in Stücke schneiden.
- Brotscheiben rösten und mit Knoblauch einreiben. Mit einem Spritzer Olivenöl beträufeln und mit den Tomaten belegen. Mit Salz und Pfeffer würzen und nochmals mit ein wenig Olivenöl beträufeln.

BIRNE & FOURME D'AMBERT

Landbrot
× 8 Scheiben

Birnen
× 1 oder 2 (je nach Größe)

Fourme d'Ambert-Käse
100 g

Haselnussöl
2 EL

Junger Spinat
1 Handvoll

Vorbereitungszeit 10 Minuten

Ohne Kochen

4 Portionen

- Brotscheiben rösten. Birnen schälen (fakultativ) und in feine Streifen schneiden.
- Jede Brotscheibe mit Birnenstreifen und 1 Stück Fourme d'Ambert belegen, mit einem Spritzer Haselnussöl beträufeln und mit Pfeffer würzen.
- Mit Spinatblättern garnieren.

TOMATEN, ZIEGENKÄSE & PESTO

Landbrot
× 8 Scheiben

Bunte Tomaten
× 4 kleine

Pesto
2 EL

Frischer Ziegenkäse
120 g

Olivenöl
1 Filet

Vorbereitungszeit 10 Minuten

Ohne Kochen

4 Portionen

- Tomaten waschen, abtrocknen und in Stücke schneiden. Brotscheiben rösten.

- Brotscheiben mit Pesto bestreichen, mit Tomaten und frischem Ziegenkäse belegen und mit einem Spritzer Olivenöl beträufeln. Mit Salz und Pfeffer würzen.

RICOTTA, TRAUBEN & PINIENKERNE

Landbrot
× 8 Scheiben

Ricotta
120 g

Trauben
100 g

Olivenöl
2 EL

Pinienkerne
40 g

Rosmarin
× 10 kleine Zweige

Vorbereitungszeit 10 Minuten

Kochzeit 5 Minuten

4 Portionen

- Rosmarinnadeln fein hacken. Trauben halbieren. Pinienkerne in einer beschichteten Pfanne unter häufigem Rühren 5 Minuten rösten.
- Brotscheiben rösten und mit Ricotta bestreichen. Mit Trauben und Pinienkernen garnieren, mit gehacktem Rosmarin und Fleur de Sel bestreuen und mit einem Spritzer Olivenöl beträufeln. Mit Pfeffer würzen.

CHAMPIGNONS & BURRATA

Landbrot
× 8 Scheiben

Weiße Champignons
300 g

Olivenöl
3 EL

Thymian
× 3 Zweige

Butter
20 g

Burrata
× 1

Vorbereitungszeit 15 Minuten

Kochzeit 8 Minuten

4 Portionen

- Champignons entstielen, mit einem Tuch sauber wischen und je nach Größe halbieren oder vierteln. 1 EL Olivenöl und Butter in einer Pfanne erhitzen und Champignons 8 Minuten bei relativ hoher Hitze schmoren, sodass das Wasser verdampft. Mit Salz und Pfeffer würzen und mit etwas Thymian bestreuen.
- Burrata in kleine Stücke schneiden. Brotscheiben rösten und mit Champignons und Burrata belegen. Mit dem restlichen Olivenöl beträufeln und mit Thymian bestreuen. Mit Pfeffer würzen.

GETROCKNETE ENTENBRUST & ZIEGENKÄSE

Vorbereitungszeit 5 Minuten

Ohne Kochen

6 Portionen

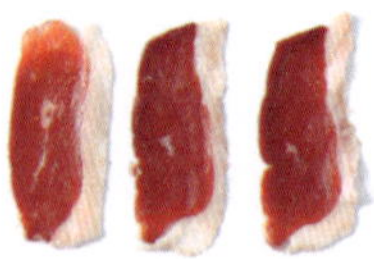

Getrocknete Entenbrust,
in Scheiben, 100 g

Landbrot
× 12 Scheiben

Frischer Ziegenkäse
150 g

Espelette-Pfeffergelée
1 Glas

- Brotscheiben mit frischem Ziegenkäse bestreichen.
- Mit getrockneten Entenbrustscheiben und einigen Tropfen Pfeffergelée garnieren und mit Salz und Pfeffer würzen.

RÄUCHERLACHS & ROTE RÜBEN

Landbrot
× 8 Scheiben

Räucherlachs
× 8 Scheiben

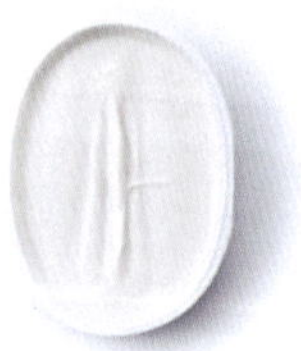

Doppelrahmkäse
120 g

Rote Rübe, gekocht
× 1

Dill
× 2 Zweige

Olivenöl
1 Spritzer

Vorbereitungszeit 10 Minuten

Ohne Kochen

4 Portionen

- Rote Rübe klein würfeln. Brotscheiben rösten.
- Brotscheiben mit Doppelrahmkäse bestreichen und mit 1 Scheibe Räucherlachs und roten Rübenwürfeln garnieren. Mit einem Spritzer Olivenöl beträufeln, mit etwas Dill bestreuen und mit ein wenig Salz und Pfeffer würzen.

SMÖRREBRÖD MIT GARNELEN

Mehrkornbrot
× 4 Scheiben

Romanasalat
× 2

Rosa Garnelen, gekocht
250 g

Dill
× 2 Zweige

Mayonnaise
1 EL

Vorbereitungszeit 15 Minuten

Ohne Kochen

4 Portionen

- Garnelen schälen. Salat waschen und trocken schleudern.
- Brotscheiben halbieren, mit einem Blatt Romanasalat, etwas Mayonnaise und Garnelen belegen und mit ein wenig Dill garnieren.
- Man kann auch Seehasenrogen oder Lachskaviar zufügen.

SMÖRREBRÖD MIT BÜNDNERFLEISCH

Vorbereitungszeit 10 Minuten

Ohne Kochen

4 Portionen

Mehrkornbrot
× 4 Scheiben

Süßrahmbutter
40 g

Bündnerfleisch
× 8 Scheiben

Gürkchen
× 3

Karotte
× 1

Essigzwiebeln
× 16

- Karotte schälen und mit einem Sparschäler in Streifen schneiden. Diese wenige Minuten in kaltes Wasser legen, damit sie knackig bleiben. Gürkchen in Scheiben schneiden.
- Brotscheiben halbieren, mit Butter bestreichen und mit 1 Scheibe Bündnerfleisch, abgetropften Karotten, Gürkchen und Essigzwiebeln belegen. Mit Schnittlauröllchen garnieren.

AVOCADO & DUKKAH

Roggenbrot
× 2 Scheiben

Dukkah
1 TL

Avocado
× 1

Zitrone
× ½

Alfalfasprossen
2 EL

Vorbereitungszeit 2 Minuten

Kochzeit 2 Minuten

1 Portion

- Avocado schälen, halbieren, Kern auslösen und Fruchtfleisch der Länge nach in Scheiben schneiden. Die ½ Zitrone auspressen.
- Brotscheiben 2 Minuten rösten, bis sie leicht gebräunt sind.
- Jede Brotscheibe mit Avocadoscheiben belegen, mit Dukkah, Salz und Pfeffer würzen. Mit einigen Alfalfasprossen garnieren und mit einem Spritzer Zitronensaft beträufeln.

ENTENSTOPFLEBER & FEIGEN

Toastbrot
× 8 Scheiben

Entenstopfleber
½ Block

Feigenchutney
3 EL

Birne
× 1

Fleur de Sel
1 Prise

Vorbereitungszeit 10 Minuten

Ohne Kochen

4 Portionen

- Birne schälen und klein würfeln. Toastbrot rösten.
- Brot mit etwas Feigenchutney bestreichen und mit Birnenwürfeln und klein geschnittener Entenstopfleber belegen. Mit Fleur de Sel und Pfeffer würzen.
- Tipp: Birnen mit etwas Zitronensaft beträufeln, damit sie nicht braun werden.

MINITOASTS MIT BAUERNTERRINE

Toastbrot
× 8 Scheiben

Zwiebelconfit
1 kleines Glas

Bauernterrine
× 1 dicke Scheibe

Butter
30 g

Vorbereitungszeit 15 Minuten

Kochzeit 6 Minuten

4 Portionen

- Ränder vom Toastbrot entfernen.
- 4 Brotscheiben mit Bauernterrine bestreichen und mit etwas Zwiebelconfit garnieren. Mit den restlichen Brotscheiben bedecken.
- Butter in einer großen Pfanne erhitzen und die Toasts auf jeder Seite 3 Minuten goldbraun rösten. Jeden Toast in 4 Streifen schneiden.

MINI CLUB-SANDWICH MIT GURKE

Toastbrot
× 8 Scheiben

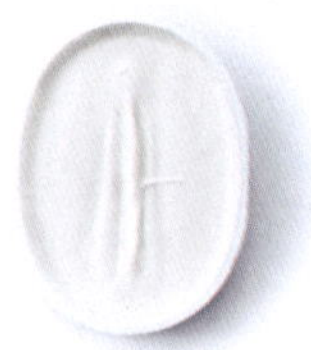

Doppelrahmkäse
100 g

Gurke
× ½

Mayonnaise
2 EL

Schnittlauch
× 1 Bund

Vorbereitungszeit 15 Minuten

Ohne Kochen

4 Portionen

- Schnittlauch waschen, trocken tupfen und in kleine Röllchen schneiden. Gurke waschen, abtrocknen und in dünne Scheiben hobeln. Ränder vom Toastbrot entfernen.
- 4 Brotscheiben mit Doppelrahmkäse bestreichen. Mit Gurkenscheiben belegen und mit den restlichen Brotscheiben bedecken. Diagonal in 4 Teile schneiden.
- Den Rand eines Dreiecks mit Mayonnaise bestreichen und in die Schnittlauchröllchen tauchen. Vorgang mit den restlichen Sandwiches wiederholen.

KRABBEN & GURKEN

Toastbrot
× 8 Scheiben

Gurke
× 1

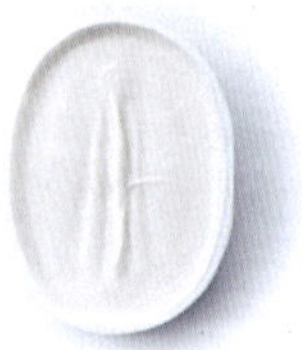

Doppelrahmkäse
100 g

Dill
einige Zweige

Krabbenfleisch
1 Dose

Vorbereitungszeit 12 Minuten

Ohne Kochen

4 Portionen

- Gurke waschen, abtrocknen und in dünne Scheiben hobeln. Ränder vom Toastbrot entfernen.
- Brotscheiben mit Doppelrahmkäse bestreichen. Mit Gurkenscheiben und Krabbenfleisch belegen und mit gehacktem Dill garnieren.

TOMATEN & SARDELLEN

Landbrot
× 8 Scheiben

Tomaten
× 2

Frische Sardellen, mariniert
× 16

Rote Zwiebel
× 1

Olivenöl
4 EL

Vorbereitungszeit 10 Minuten

Ohne Kochen

4 Portionen

- Tomaten waschen und abtrocknen. Strunk entfernen und Tomaten in Stücke schneiden. Zwiebel schälen und in feine Ringe schneiden. Brotscheiben rösten.
- Tomaten, abgetropfte Sardellen und Zwiebel auf dem Brot anrichten. Mit einem Spritzer Olivenöl beträufeln, mit wenig Salz und Pfeffer würzen.

BURRATA, KAPERN & SARDELLEN

Baguette
× 1

Kapern
2 EL

Rosinen
2 EL

Sardellen, in Öl
× 4 Filets

Burrata
× 1

Olivenöl
8 EL

Vorbereitungszeit 5 Minuten

Kochzeit 5 Minuten

4 Portionen

- Baguette in dünne Scheiben schneiden. Mit 4 EL Olivenöl beträufeln und für 5 Minuten im Backofen unter den Grill legen.
- Kapern, Rosinen und Sardellenfilets hacken und mit dem restlichen Olivenöl vermengen.
- Baguette mit Burratastückchen belegen und mit der Sauce garnieren. Mit gemahlenem Pfeffer bestreuen.

BOTTARGA

Baguette
× 16 dünne Scheiben

Bottarga
200 g

Olivenöl
4 EL

Butter
30 g

Vorbereitungszeit 10 Minuten

Ohne Kochen

4 Portionen

- Wachsschicht von der Bottarga entfernen, Haut abziehen und mit einem Sparschäler in dünne Scheiben schneiden.
- Brotscheiben im Toaster oder im Backofen rösten und mit Butter bestreichen oder mit einem Spritzer Olivenöl beträufeln.
- Bottarga auf den gerösteten Brotscheiben verteilen.

BROT MIT PESTO & SCHINKEN

Baguette
× 1

Pesto
1 kleines Glas

Parma-Schinken
× 8 dünne Scheiben

Vorbereitungszeit 10 Minuten

Kochzeit 10 Minuten

4 Portionen

- Backofen auf 180 °C vorheizen.
- Baguette schräg einschneiden, ohne es ganz zu durchtrennen. Die Zwischenräume mit Pesto und ein wenig Schinken garnieren.
- In Backpapier einwickeln und 10 Minuten backen.

IGELBROT

Landbrot
× 1 Laib

Rotes Pesto
4 EL

Olivenöl
1 Filet

Thymian
× 3 Zweige

Vorbereitungszeit 10 Minuten

Kochzeit 12 Minuten

4 Portionen

- Backofen auf 180 °C vorheizen. Brot einschneiden, sodass ein Raster entsteht, ohne es ganz zu durchtrennen.
- Die Zwischenräume mit rotem Pesto füllen und mit Thymian bestreuen. Mit einem Spritzer Olivenöl beträufeln und 10–12 Minuten backen.

FEIGEN-MINZE-TAPENADE

Vorbereitungszeit 10 Minuten

Ohne Kochen

4 Portionen

Schwarze Oliven
250 g

Getrocknete Feigen
× 4

Sardellen
× 3

Minze
× 4 Zweige

Olivenöl
60 ml

- Minzeblätter abzupfen. Feigen entstielen und in Stücke schneiden.
- Alle Zutaten im Mixer pürieren.
- In eine Schüssel geben, zudecken und bis zum Servieren kalt stellen.

AUBERGINENKAVIAR

Auberginen
× 4

Knoblauch
× 2 Zehen

Olivenöl
80 ml

Zitrone
× ½

Kreuzkümmelpulver
½ TL

Chilipulver
1 Prise

Vorbereitungszeit 20 Minuten

Kochzeit 45 Minuten

4 Portionen

- Knoblauch schälen und Keim entfernen. ½ Zitrone auspressen.
- Grill des Backofens vorheizen. Auberginen 30–45 Minuten unter den Grill legen, bis die Haut schwarz wird, dabei regelmäßig wenden. Auskühlen lassen und mit einem Löffel das Fruchtfleisch herausschaben.
- Wenn nötig, Fruchtfleisch abtropfen lassen. Mit Kreuzkümmelpulver, Olivenöl, Zitronensaft und Knoblauch vermengen. Mit Salz und Pfeffer würzen.
- Bis zum Servieren kalt stellen, dann mit 1 Prise Chilipulver bestreuen.

TARAMA

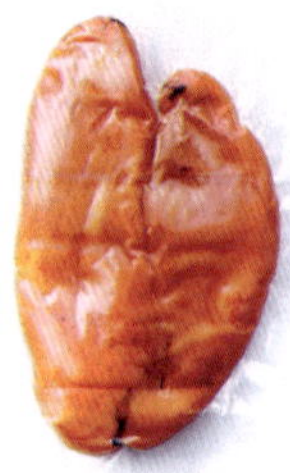

Kabeljaurogen geräuchert
150 g

Toastbrot ohne Rand
30 g

Zitrone
× ½

Rapsöl
150 ml

Milch
3 EL

Vorbereitungszeit 15 Minuten

Ohne Kochen

4 Portionen

- Toastbrot zerzupfen und in Milch einweichen.
- Haut vom Kabeljaurogen abziehen und Eier mit dem ausgedrückten Brot mit einer Gabel fein pürieren. Etwas Zitronensaft zugeben. Öl nach und nach zugießen und mit einem elektrischen Handmixer einarbeiten. Es sollte die Konsistenz von Mayonnaise haben.
- Restlichen Zitronensaft einrühren. Mit geröstetem Brot, süßsauren Gürkchen und etwas Dill servieren.

SARDINEN-RILLETTE

Sardinen, in Öl
1 Dose

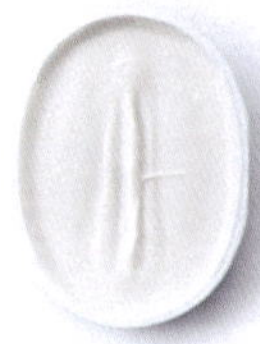

Doppelrahmkäse
100 g

Frühlingszwiebel
× 1

Vorbereitungszeit 10 Minuten

Ohne Kochen

4 Portionen

- Frühlingszwiebel hacken. Sardinen entgräten und zerkrümeln.
- Sardinen, Käse und Frühlingszwiebel vermengen. Mit wenig Salz und Pfeffer würzen. Bis zum Servieren kalt stellen.

MAKRELEN-RILLETTE

Geräucherte Pfeffer-
Makrele, × 2 Filets

Butter
40 g

Zitrone
× 1

Glatte Petersilie
× 5 Zweige

Vorbereitungszeit 10 Minuten

Ohne Kochen

4 Portionen

- Petersilie fein hacken. Zitrone auspressen.
- Haut von den Makrelen abziehen und Filets grob zerkrümeln. 30 g Butter und 1 Spritzer Zitronensaft zugeben.
- Alles verrühren und in ein Glas füllen. Mit gehackter Petersilie garnieren.

RILLETTE MIT 2 LACHSSORTEN

Lachsfilet
200 g

Räucherlachs
150 g

Weiche Butter
50 g

Frühlingszwiebel
× 1

Dill
× 2 Zweige

Vorbereitungszeit 20 Minuten

Kochzeit 10 Minuten

4 Portionen

- Lachs enthäuten und 10 Minuten im Dampf garen. Auskühlen lassen und zerkrümeln.
- Räucherlachs klein schneiden. Dill fein hacken Frühlingszwiebeln klein schneiden.
- Alles vermengen und mit ein wenig Salz und Pfeffer würzen.

SCHINKEN & OLIVEN

Mehl mit Backpulver
250 g

Milch
100 ml

Eier
× 4

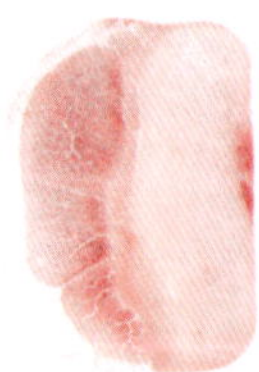

Schinken
200 g

Grüne Oliven
200 g

Comté-Käse
150 g

Vorbereitungszeit 10 Minuten

Kochzeit 45 Minuten

6 Portionen

- Backofen auf 180 °C vorheizen. Mehl, Milch und verquirlte Eier vermengen. Mit Salz und Pfeffer würzen.
- Gehackten Schinken, Oliven und geriebenen Käse zugeben.
- In eine mit Öl ausgestrichene Kastenform geben. 45 Minuten backen.
- Auskühlen lassen, Kuchen aus der Form stürzen und in Frischhaltefolie wickeln, damit er nicht austrocknet.

TOMATEN & PARMESAN

Vorbereitungszeit 10 Minuten

Kochzeit 40 Minuten

6 Portionen

Mehl
200 g

Backpulver
1 Paket

Parmesan-Käse
100 g

Eier
× 3

Milch
150 ml

Tomaten, getrocknet
in Öl, 200 g

- Backofen auf 180 °C vorheizen.
- Mehl, Backpulver, 1 Prise Salz und Pfeffer und geriebenen Parmesan vermengen. Eier und Milch einarbeiten. Tomaten und das Öl der Marinade zugeben und vermengen.
- In eine mit Backpapier ausgelegte Kastenform füllen. 40 Minuten backen.
- Auskühlen lassen, Kuchen aus der Form stürzen und in Frischhaltefolie wickeln, damit er nicht austrocknet.

ZUCCHINI & PESTO

Mehl
200 g

Eier
× 3

Backpulver
1 Paket

Pesto
60 g

Zucchini
300 g

Vorbereitungszeit 20 Minuten

Kochzeit 40 Minuten

6 Portionen

- Backofen auf 200 °C vorheizen. Zucchini auf einer Käsereibe reiben.
- Mehl und Backpulver vermengen. Verquirlte Eier, geriebene Zucchini, Pesto, Salz und Pfeffer zugeben.
- In eine mit Backpapier ausgelegte Kastenform füllen. 40 Minuten backen.
- Auskühlen lassen, Kuchen aus der Form stürzen und in Frischhaltefolie wickeln, damit er nicht austrocknet.

INOX

PESTO & MOZZA

Reismehl
200 g

Backpulver
1 Paket

Eier
× 4

Milch
12,50 ml

Pesto
100 ml

Mozzarella
125 g

Vorbereitungszeit 10 Minuten

Kochzeit 45 Minuten

6 Portionen

- Backofen auf 180 °C vorheizen.
- Mehl und Backpulver vermengen. Zuerst Eier, Milch und Pesto, danach den in kleine Stücke geschnittenen Mozzarella zugeben. Mit Salz und Pfeffer würzen.
- In eine mit Backpapier ausgelegte Kastenform füllen. 45 Minuten backen.

MIMOLETTE

Mehl
150 g

Eier
× 3

Backpulver
1 Paket

Milch
150 ml

Mimolette-Käse
250 g

Vorbereitungszeit 15 Minuten

Kochzeit 30 Minuten

6 Portionen

- Backofen auf 200 °C vorheizen.
- Die Hälfte des Mimolette reiben. Mehl, Backpulver und geriebenen Mimolette vermengen. Milch, verquirlte Eier, Salz und Pfeffer zugeben und alles gut verrühren.
- In eine mit Backpapier ausgelegte Kastenform füllen. Restlichen Mimolette in Würfel schneiden und darauf verteilen.
- 30 Minuten backen. Auskühlen lassen, Kuchen aus der Form stürzen und in Frischhaltefolie wickeln, damit er nicht austrocknet.

BIRNE & ROQUEFORT

Mehl
250 g

Backpulver
1 Paket

Eier
× 4

Milch
100 ml

Birne
× 1

Roquefort-Käse
150 g

Vorbereitungszeit 10 Minuten

Kochzeit 45 Minuten

4 Portionen

- Backofen auf 180 °C vorheizen. Eine Kastenform mit Öl ausstreichen. Birne schälen und in Stücke schneiden.
- Mehl und Backpulver vermengen. Milch, 100 ml Öl und Eier zugeben. Vermengen, ohne den Teig zu stark zu bearbeiten. Roquefort und Birne zugeben. Mit Salz und Pfeffer würzen.
- In eine mit Öl ausgestrichene Kastenform füllen und 45 Minuten backen. Mit einem Holzstäbchen überprüfen, ob der Kuchen gar ist. Vor dem Stürzen auskühlen lassen.

QUINOA & TAPENADE

Quinoa
150 g

Tapenade
200 g

Parmesan-Käse
100 g

Milch
200 ml

Eier
× 4

Mehl
300 g

Vorbereitungszeit 15 Minuten

Kochzeit 1 h 10 Minuten
Ruhezeit 1 Stunde

8 Portionen

- Backofen auf 200 °C vorheizen. Quinoa 10 Minuten in kochendem Salzwasser garen.
- Milch, Eier, Tapenade und geriebenen Parmesan vermengen und mit Pfeffer würzen. Quinoa und Mehl einarbeiten.
- In eine mit Backpapier ausgelegte Kastenform füllen und 1 Stunde backen.
- Vor dem Stürzen 1 Stunde auskühlen lassen.

SCHINKEN-KÄSETOAST-TÜRMCHEN

Toastbrot
× 8–10 Scheiben

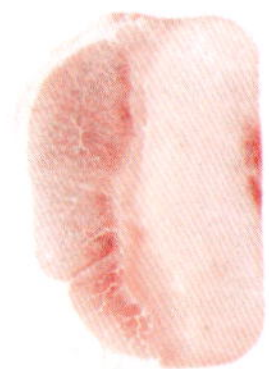

Gekochter Schinken
× 4–6 Scheiben

Gesalzene Butter
60 g

Gruyère-Käse, gerieben
80 à 100 g

Vorbereitungszeit 20 Minuten

Kochzeit 25 Minuten

4 Portionen

- Ränder vom Toastbrot entfernen. Backofen auf 180 °C vorheizen. Toastbrot so zuschneiden, dass es in die Kastenform passt und diese damit auslegen. Form großzügig mit Butter ausstreichen.
- Jeweils eine Schicht gebuttertes Toastbrot, eine Schicht Schinken und eine Schicht Käse einfüllen. Vorgang 1 x wiederholen und mit einer Schicht Toastbrot mit Butter abschließen.
- Fest zusammendrücken. 25 Minuten backen, aus der Form stürzen und aufschneiden.

KAROTTENKUCHEN

Vorbereitungszeit 25 Minuten

Kochzeit 50 Minuten

6 Portionen

Karotten
400 g

Mehl mit Backpulver
300 g

Brauner Zucker
200 g

Eier
× 4

Sonnenblumenöl
100 ml

Lebkuchengewürz
2 TL

- Backofen auf 180 °C vorheizen. Karotten schälen und reiben.
- Mehl, braunen Zucker, 1 Prise Salz und Gewürze vermengen. Öl und Karotten einarbeiten. Eier einzeln unterrühren.
- Eine Kastenform mit Butter ausstreichen und bemehlen. Teig einfüllen und 50 Minuten backen.
- Auskühlen lassen, Kuchen aus der Form stürzen und in Frischhaltefolie wickeln, damit er nicht austrocknet.

KÖRNER-MUFFINS

Vorbereitungszeit 5 Minuten

Kochzeit 15 Minuten

Für 4 Muffins

Geriebene Mandeln
150 g

Zucker
50 g

Eier
× 3

Chiasamen
1 EL

Sonnenblumenkerne
3 EL

Zimt
1 TL

- Backofen auf 180 °C vorheizen.
- Geriebene Mandeln, Zimt und Zucker vermengen, danach Eier zugeben.
- Chiasamen und Sonnenblumenkerne einarbeiten.
- In Muffinformen füllen und 15 Minuten backen.

BANANENBROT

Bananen
× 4

Kichererbsenmehl
150 g

Rohrzucker
80 g

Eier
× 2

Backpulver
1 Paket

Schokolinsen
70 g

Vorbereitungszeit 15 Minuten

Kochzeit 45 Minuten

6 Portionen

- Backofen auf 180 °C vorheizen.
- Zucker, Eier und 3 zerdrückte Bananen vermengen. Mehl, Backpulver und Schokolinsen einarbeiten.
- Teig in eine Kastenform füllen. Restliche Banane der Länge nach halbieren und auf den Teig legen. 45 Minuten backen.

Liste der Rezepte

BROTE ZUM TEILEN

BELEGTE BROTE

DIPS & AUFSTRICHE

KUCHEN & MUFFINS

Titel der Originalausgabe: *Les petits Marabout – Pains et brioches*

Rezepte aus: *Le B.A.-BA du pain* von Keda Black, *Apéro Super facile* von Natacha Arnoult, *Glutenfrei Super facile* von Audrey Fitzjohn, *J'apporte quoi Super facile* von Sabrina Fauda-Rôle, *Le B.A.-BA für cuisiner italien* von Guillaume Marinette, *Vegan Super facile* von Jessica Oldfield.

Fotos der Rezepte: Charlotte Lascève, Valéry Guédes, Audrey Fitzjohn, Richard Boutin, Rebecca Genet und Elisa Watson.
Fotos der Zutaten: Richard Boutin, Ilona Chovancova, Audrey Fitzjohn, Rebecca Genet, Valéry Guedes, Akiko Ida, Pierre Javelle, Charlotte Lascève und Elisa Watson.
Coverbilder vorne: © iStockphoto.com

Lektorat: Natacha Kotchetkova
Layout: Frédéric Voisin

Übersetzung aus dem Französischen:
Anita Weinberger-Schwendenwein, Wien
Redaktion und Satz der deutschen Ausgabe:
Print Company Verlagsges.m.b.H., Wien

Printed in China

ISBN: 978-94-6359-751-7